AF368557

# INTROSPECCIONES PARA DESPERTAR

ExLibric

IGNACIO TAPIA TORRES

# INTROSPECCIONES
# PARA DESPERTAR

EXLIBRIC

ANTEQUERA 2020

IGNACIO TAPIA TORRES

# INTROSPECCIONES
# PARA DESPERTAR

# Introducción

Los poemas que integran este poemario nacieron a partir del autocuestionamiento, a partir de la duda y del abandono de las certezas; de la incertidumbre. La autoindagación que realicé me llevó a un crecimiento personal, al desapego del ego y la libertad del ser (por supuesto que es un proceso que está en constante expansión, pero son las pequeñas victorias las que cuentan). El aprendizaje que me brindó espiar en mi interior, en mis sentimientos, en mi forma de razonar; el tratar de entender el mecanismo interno que me llevaba a comportarme en la forma en que lo hacía, a pensar y a sentir de la manera en la que estaba habituado, me enriqueció de una manera realmente fantástica.

Es un placer compartir mis pensamientos con todo aquel que esté dispuesto a intentarlo, a ahondar en la reflexión, la que permite la flexibilidad del pensamiento. Los invito a la duda, no a dudar de uno mismo y de lo que uno es capaz, sino todo lo contrario; a dudar de lo que se sabe como verdad, a lo que damos por sentado y no nos deja crecer. Los invito a abrirse a las emociones que muchas veces dejamos ocultas. La vida es esta y nos pertenece; o la llevamos donde queremos ir o nos llevará donde nos convencieron que debemos ir. El camino no es rechazar aquello que no nos gusta de nosotros, sino abrazarlo y entenderlo. Solo así se puede aprender de ello y superarlo.

Así como sucederá en este poemario, el comienzo puede ser doloroso, es el proceso de destapar y ver todo aquello que desearíamos que no fuera parte de nosotros. Purgar aquellos sentimientos que guardados dentro solo pueden pudrirse y contaminar al resto, reconocerlos parte de nosotros y por fin perdonarlos. Lograr entrar a nuestro cuarto oscuro y jugar con todos ellos, liberarlos de culpa y que por fin el presente quede exonerado de todo juicio.

Al recuperar la energía malgastada por tanto tiempo en el autocastigo queda limpiar el pensamiento, la razón, que como marioneta responde a intereses ajenos a los nuestros. Descubrir las raíces de nuestros pensamientos, nuestras creencias que nos guían por esta vida, e identificar si estas responden a nuestro deseo o si son producto de la moral impuesta; si nos favorecen y nos llevan al bienestar o si nos juegan en contra y nos retienen. Revisar las certezas con las que contamos, aquellas verdades incuestionables que se ponen como base de toda idea, de todo juicio. Puede que cambiando alguna de ellas se modifique toda la estructura y se consiga la paz, pero no es sencillo salir de la zona de confort.

La certeza es el final del recorrido, es cerrar la puerta y pretender que no hay nada más allí; es por esto que elijo siempre la duda. Allí es donde se encuentra el crecimiento, la expansión de la razón, es el camino que nunca acaba y que siempre deja lugar para algo más. No le cerremos jamás la puerta a la duda, que esta trae de la mano a la curiosidad, una gran motivadora del pensamiento y de la acción. La certeza no es más que la muerte del pensamiento, la amante fiel de nuestro principal obstáculo: el ego.

*«Uno no alcanza la iluminación fantaseando sobre la luz, sino haciendo consciente la oscuridad».*

Carl Gustav Jung

# Palabras perdidas

Piden rescate las palabras
que distraídas se entregaron
a la despiadada oscuridad,
donde el encierro,
el rencor y el miedo
las convirtieron en algo más.

Piden rescate las palabras
que ingenuas caminaron al vacío
y creyéndose olvidadas
se brindaron al rencor.

Piden rescate
(aún hoy lo hacen),
se saben, desde donde estén,
silenciosamente indispensables
para aquellos potenciales rescatistas
que aún le temen a la oscuridad.

# ATEMPORAL

Pobre mi reloj interno,
se encuentra algo perdido,
ya no reconoce el norte
y mucho menos el aquí y ahora.

Camina hacia los lados
y hasta por momentos retrocede,
confunde el hoy con el pasado
y ahora siente lo olvidado.

Creo que mi reloj se descompuso;
puede verte aquí sentada, pensando
al pie de la cama que cubrimos
con tiernas ilusiones de niños
y certezas adultas
que se niegan a morir.

Hoy mi reloj marca las 12:00,
pero ya no reconoce ni el día ni el mes
y el presente aún sabe a pasado.

# INCERTIDUMBRES

En algunas ocasiones
las palabras vienen y van,
los pensamientos las encienden
y los silencios les dan fuerzas.

En algunas ocasiones
los pensamientos se emocionan,
los silencios les dan aire
y las palabras los consuelan.

En algunas ocasiones
hasta me olvido de quién soy
y entonces le pregunto al sol
dónde fue que me perdí.

Entonces me encuentro en esos momentos
donde los silencios lo son todo,
donde las palabras se agotan
y los pensamientos buscan los «por qué».

Sé que ellos saben dónde fue que lo hice,
dónde fue que lo enterré,
dónde fue que escondí aquel frasco con certezas
que de niño capturé.

Es hora de abrirlo
y dejarlas ir.

# SINCERICIDIO

Mentiría si te dijera
que ya no tengo miedos,
cuando por dentro mi mesura
parece desplomarse.

Mentiría si te dijera
que sé cómo vencerlos,
que es tan solo cuestión de tiempo
y que todo marchará bien.

Mentiría si te dijera
que no me aterra este desconcierto,
cuando a cada rato
me mareo y pienso en caer.

Mentiría si te dijera
que jamás te he mentido,
pues siempre he tenido miedo
de albergar tantos miedos.

Miedo a no ser capaz:
de pelear,
de insistir,
de ganar…

Miedo a que todos vean
de los miedos que estoy hecho.

# SOY Y NO SOY

No soy sombra ni soy luz,
soy quizá una mezcla de ambas.

No soy verdad ni soy mentira,
sino parte de las dos.

No soy tuyo ni de ella,
le pertenezco a un corazón siempre cambiante,
a un juego de preguntas y respuestas,
a un tablero con demasiadas piezas.

No soy cobardía ni coraje,
o tal vez un poco de los dos.

Soy esperanza y pesimismo,
libertad y desconcierto,
soy lealtad y soy traición,
cantos y alaridos.

Soy cambiante como el otoño,
corriendo del calor al frío.

Soy carne y soy efímero.

Soy esto y nada más.

# IRA

Quiero escupir fuego,
aquello que quema,
lo que incendia mis pensamientos,
el veneno que busca asesinarme.

Quiero extirpar la crueldad,
la que se agiganta
y se vuelve contra mí
¡y no me deja respirar!

Quiero ahogarme,
matarme
y salvarme,
o al menos a una parte de mí.

Quiero cortar la furia de mis dedos,
la impaciencia de mis piernas,
el odio en mi boca,
el puñal de mi mirada.

Me hundo
y soy yo quien empuja hacia abajo.
Me asfixio
y soy yo quien rechaza el aire.

Creo desvanecerme
(rendirme)
ante el cansancio
que implica reprimirme.

Cierren las puertas,
protéjanse de mis gritos
y rueguen consternados
que no los alcancen.

Este cuerpo es la jaula
que intenta sujetar de los brazos
a la bestia que, claustrofóbica,
estalla de impotencia
e, incómoda,
ya no sabe cómo moverse.
¡No hay suficiente espacio para ser!

Y entonces grita hasta caer rendida,
exhausta
ante su cárcel
que, inmutable,
se sostiene
siempre igual.

# AUTOCASTIGO

No quiero sentirme así,
castigando mi espalda
con pensamientos que como látigos
rasgan mi piel.

No quiero saberme culpable
de lo que soy,
de mis modos,
de las heridas provocadas por mi lengua.

Quisiera no estar escribiéndolo,
haberlo dejado todo flotando
en lo abstracto del pensamiento,
pero ahora ya está aquí
y llegó para quedarse:

el rechazo por la propia carne.

# LO INEFABLE

En pocas oportunidades
nuestras palabras logran echar luz
a las sombras nacientes
de ilusiones, deseos y amores.

Trampas del inconsciente
(eterno fugitivo del lenguaje),
por siempre perseguidor de lo innombrable,
catador experto de lo abstracto.

Burbujas rellenas de aire
flotando en un sinsentido inentendible,
en una pantalla con difusiones alternas,
pintando sin pincel y sin palabras.

En una zona de grises, con miles de matices,
en terrenos de espinas, hongos y lombrices,
en castillos de ideas, sin diseños ni ladrillos,
donde solo cantan recuerdos, temores y algún grillo.

Allí es donde lo escondo todo de palabras,
mis miedos y fundaciones de carácter,
la indeleble huella de su beso,
lo inefable de su abrazo.

# RAÍCES

Si se desentierran los secretos
que cubren nuestras raíces,
si se las limpia y se las escucha,
si se las acepta y se las comprende,
estas se harán más fuertes
y sus flores conquistarán sueños.

Ya no le tendrán miedo al viento,
ni a la lluvia, ni al rechazo,
y su felicidad será sencillamente
natural.

# ENFRENTAMIENTOS

Al rasgar la tierra
y ensuciarnos las manos,
al ultrajar el suelo que nos sostiene
y rompernos las uñas en la tarea.
Se avecina el despertar.

Luego de habernos amado con el dolor,
de ya no sentirlo enemigo,
sino reconocerlo amigo,
la palabra sabrá sincera.
Evaporar la culpa.

He destrozado mi jardín,
he violado la paz que lo invadía todo,
aquel manto calmo que cubría el caos
que generaba pinchazos irrastreables.
Disimulos de la consciencia.

Vislumbré una puerta entreabierta;
nadie me invitó a pasar, pero lo hice igual,
penetré en los camarines de los fantasmas
que gesticulaban detrás del telón.
Proyectaban sus sombras en la audiencia.

Mi jardín sufrió el impacto,
ofrecí el hoy como sacrificio,

pero me llevé el mañana
y ya puedo ver las flores florecer.
La hora del perdón.

# RÍO

Hay cárceles
donde no se esconden personas,
prisiones con barrotes simbólicos
que someten con ataduras
las más fieles de las palabras.

Cuartos oscuros
alejados de las miradas
de los que más las buscan,
incluso perdidos por sus propios dueños.

La llave al cuarto con mi nombre
lleva la forma de un río,
uno con una fuerza estremecedora,
la brutalidad del despertar.

Ahora, mojado por sus aguas,
juego en mi cuarto oscuro
sin miedos ni ansiedades
con las palabras que, creía,
no existían.

# RECETAS DADAS

Quizás el mundo sea una gran cocina,
una donde podemos explotar la creatividad
y deleitarnos con gustos extraordinarios
o intoxicarnos con comida en mal estado.

En este juego teatral
la mente sería la cocinera encargada,
la cual cuenta con algunas recetas dadas
(estructura de todo preparado).

Creencias/aprendizajes
que guían las manos de la artista
para la creación del alimento,
el que tomará la forma del pensamiento.

De ellos se servirá nuestro cuerpo
y la naturaleza de estos serán los nutrientes,
los que propiciarán su expansión
o su retraimiento.

La cocinera devendrá
diosa de la transformación o de la repetición
(lo dictará su flexibilidad en las recetas),
será la causa que determine
el estado de salud
del cuerpo que, obediente,

comerá lo que le sirvan.

El pensamiento sano
le dará vida a un cuerpo sano,
el pensamiento chatarra
constituirá un cuerpo enfermo.

Alterar aquellas recetas dadas
será el pasaje al paraíso
del espíritu que hoy añora
poder mirar más allá.

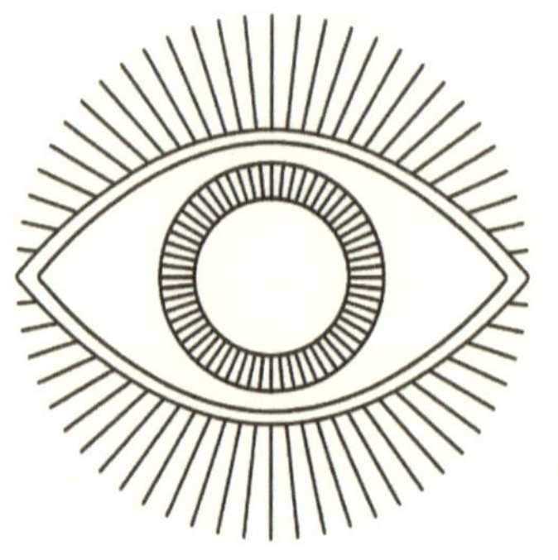

*«Quien mira hacia afuera sueña; quien mira hacia adentro despierta».*

Carl Gustav Jung

# DESPERTAR

Las oí caer desde mi cama;
entonces me acerqué al balcón
y las sentí en su caída.
Las gotas frescas de la lluvia.

Las nubes se aglomeraban,
tramaban la conquista del cielo,
la revolución de la falsa calma.
El rayo golpearía con fuerza.

Ya no era «yo individuo»,
sino parte de un todo
que me pedía que reaccionara.
Sentir la tormenta.

Las sábanas rojas de la cama
me habían adormecido en el confort,
haciéndome olvidar la lluvia
y cómo esta cambia los olores.

A veces soy necio y ciego
(me formaron para eso),
pero cada gota, cada rayo,
apuñalaban el duro orgullo
que, herido, comenzaba a entender
que vivió sin saber ver

quién inventó la enfermedad.
Recuperar sentidos.

Nos «cuidan» quienes nos atacan.
Nos «quieren» quienes nos desprecian.
Nos «enseñan» quienes nos mienten.
Nos «alimentan» quienes nos privan.

Abre los ojos,
ya es hora.

# CUESTIONAR

¿Cómo será el cuento
que hasta nos cuentan lo que deberíamos sentir?

Nos presentan una bandeja
con un sinfín de oportunidades,
unas pocas opciones
que, bien disfrazadas,
generan la ilusión de infinidad.

¿Cómo será el cuento
que solo hay algún que otro final?
Los senderos se separan
solo para volverse a unir.

Al nacer me regalaron la libertad,
pero ya huele a otra cosa.

Soy feliz siguiendo el juego,
pero cuando me detengo en las esquinas
y observo el tablero
vislumbro las leyes que rigen al peón:

avanzar desafiando a la muerte,
con la ilusión de convertirse en reina,
u ofrecerse como escudo prescindible
de un rey que, cobarde,
observa y ríe.

# LA BÚSQUEDA DEL YO

El ruido de la televisión
se anticipa al de mis pensamientos
y al final del día,
al repasar mis conclusiones,
ya desconfío si ellas responden al pulso de mi sangre
o si acaso el personaje ficticio que escapa de la pantalla
habrá logrado colarse en la fila de razonamientos,
anteponiendo sus intereses a los míos.

¡Escúchenme!
Yo no puedo hacerlo.

Creo estar dirigido por control remoto;
mis palabras no me pertenecen,
tampoco mis preocupaciones,
y hasta mi moral se me ha rebelado
atacando cada una de mis ideas,
levantando un filtro imperceptible
delante de mi juicio y mi visión,
haciendo de mis compañeros
potenciales enemigos.

Suena la alarma,
afuera hay un sendero,
el camino promete respuestas
y, a diferencia de las regaladas por los medios,
estas nacieron de mí.

# BUCEAR

El lago era familiar,
será por eso que no lo dudé
y me propuse llegar tan profundo
como mi respiración me permitiera.

Han pasado años de búsqueda,
de descubrimientos y aprendizajes;
aún me queda mucho,
pero el aire no es problema.

Con la experiencia entendí cómo respirar en la tarea,
cómo no asfixiarme en la incertidumbre,
cómo no sucumbir al congelamiento o a la huida
cuando despierta la negación.

Había tanta basura en el agua,
tanto tóxico en la corriente.
No era más que el propio lago defendiéndose.
Deseaba ocultar su claridad.

El desarme unilateral como solución
sin esperar retribución
ni un gesto similar.
Los mecanismos de defensa
sirven cuando se está a la espera de un ataque
y hoy, al menos para mí,
suenan tiempos de paz.

# EL OLVIDO ES MENTIR

No te dejes ir,
no intentes desprenderte del pasado,
no borres las huellas
que nos trajeron hasta aquí.
¡No olvides!

Es necesario recordar
los colores utilizados
para formar la pintura
que cae sobre nosotros
y nos baña de elocuencia.
No dejes de presionar tus dedos contra los míos.
¡No olvides!

Sujeta el recuerdo,
que las gotas de la lluvia
lavan las pisadas;
porque el camino más obvio
es siempre el más efímero
y no quiero olvidar quién soy
ni quién eres.

No es en el olvido
donde se encuentra el alivio,
que el recuerdo es un frasco hueco
que llenamos con sentimientos

bañados por significados.
Será pesado siempre y cuando
lo carguemos desbordado.
¡No olvides!

El olvido es el sepultamiento de imágenes vivas
que siempre lucharán
por volver a pertenecer al mundo de los vivos.

El olvido es una trampa,
un engaño,
un atajo hacia la nada,
un gasto de energía innecesario
por mantenerlo todo oculto.

Pero la tierra removida es blanda,
demasiado blanda…

# Ciudades

Por momentos
todos parecen diluirse,
entregarse al viento
como espíritus
que responden a un llamado.

Amores, tristezas,
mentiras, engaños,
promesas y caricias.

Traumas compartidos,
unos sobre otros,
ladrillos sobre ladrillos.
Se construye la ciudad.

El hogar de tantos
que por las noches
se disipan en la niebla
para darle nacimiento a un todo difuso,
insuficiente para explicar detalles.

Somos parte de la «sombra»,
el inconsciente de los pueblos.

Cada cual aporta secretos, miedos y significados,
cada uno sujeta una respuesta

sin que el consciente de los gigantes
desvele que de ellos depende
su forma, su identidad y su futuro.

Las identidades se esconden
detrás de sociedades.

# BIGOTES A LA LUNA

Cuando el sol comenzaba a caer
y los niños ya corrían a sus hogares,
cuando las sombras asesinas
avanzaban implacables ante la luz.

Cuando el viento ya olía a noche
y una estrella ansiosa se anticipaba al resto,
cuando ya era hora de dejarlo todo
y nuestras cadenas poco a poco se soltaban.

Cuando el final pedía un último esfuerzo,
mirar al piso una vez más,
sellar los ojos y los labios,
obedecer e irse a dormir.

Allí fue que lo entendí,
cuando los faroles ya abrían sus ojos,
cuando las velas ya exigían nuestra atención.
Allí supe que no podría hacerlo una vez más.

Callar un grito de guerra,
un aullido de libertad,
un canto de amor,
un tiro de descarga entre la lluvia.

Ridículo parecía desteñir nuestras alas,
corromper los valores aprendidos,
como pintarle bigotes a la luna,
como rayar las páginas de un libro.

Danzas de dragones que vuelan bajo
mezclándose con el murmullo,
con el polvo que levantan los pasos
de la gente que no cree en ellos.

Ahora que llegó la noche,
ahora que el frío cubre las heridas,
te miro y entiendo, enamorado,
lo inevitable de todo esto.

# DIALECTOS

Un dialecto nuevo
brota en las calles desiertas;
hay espacio para florecer,
para que respire el desplazado.

Los dueños del cemento
se encierran expectantes
y las playas desentierran
su cara más sincera.

El mundo gira y gira,
el aire se limpia,
el ser humano siente en carne propia
la contaminación en su sangre.

Inocentes pagan por monarcas,
departamentos se convierten en refugios,
las casas en palacios
y el ocio en la solución.

La rutina de un sistema explotador,
generador de síntomas,
se expone como agresora
ante los cuerpos que la siguen.

# PARADIGMAS

Cuando la tierra se abrió,
la arena y el grito de los pájaros
se hicieron cargo de ella,
del cielo y de su llanto,
del suelo y de su aroma.

Cuando la luna y las estrellas se dieron a la fuga,
la noche ganó en melancolías
y las luciérnagas atentas
ocuparon velozmente su nuevo papel de estrellas,
generando la ilusión
de que todo podría seguir igual.

Cuando mi almohada recordó la soledad
y mi cama la ausencia,
las palabras ocuparon espacios vacíos,
regalándome consuelos fugaces
y mentiras piadosas.

Cuando el sol se agotó de tal responsabilidad
(la que genera tanta dependencia),
nos regaló el frío y la eterna noche,
el desconcierto y el miedo.

Entonces
hoy se acepta
que este hoy no es el de ayer,
sino una eterna insuficiencia

que aceptamos deformada,
con colores prestados,
con ojos y labios pintados,
con danzas seductoras
y puertas que jamás habremos de abrir.

Hoy el canto de aquel hada
que alza su voz para no dejarme oír,
el escándalo de los buitres
que comen de lo nuestro,
que esconden caminos prometedores,
que desean, pero no saben cómo amar
(aprendizaje que tomé de ella).

Hoy entonces,
mientras la tierra se parte,
mientras la luna se escapa,
mientras el sol grita «basta»
y los buitres vuelan atentos,
me consuela saber
que ella sigue allí.

# COMPRENDER

El pensamiento
se convierte en sentimiento
al mismo tiempo que este
se traduce en la palabra.

Allí queda estampado en el papel,
desnudo y objetivo,
más allá del hecho
de que nuestra mirada turbada
aún no pueda reconocerlo.

Al reencontrarme con escritos polvorientos
viajo en mis memorias
con la posibilidad de comprender la emoción
hasta el punto de estudiar mi ceguedad.

Piezas se destraban,
dándole sitio a nuevas combinaciones.
Uno aprende a leer su pasado.

Espero alguna vez volver aquí
(con ojos más experimentados),
enfrentarme una vez más con esta hoja de papel
para escarbar y descubrir
lo que he enterrado bajo estas palabras.

# EL OBSERVADOR

Es extraño cómo ha cambiado todo,
cómo la sombra que antes pesaba
ahora refresca
y descansa la respiración.

Cómo las creencias limitantes
ahora son liberadoras,
cómo los recuerdos dolorosos
ahora se han vuelto maestría,
cómo la soledad hiriente
ahora no es menos que oportunidad
y que tu beso ausente
ahora se ha convertido en realidad.

El mundo es siempre el mismo;
lo que ha cambiado (y lo ha cambiado todo)
es la mirada de quien lo observa,
del responsable de dar significado,
del espectador que ha aprendido a tiempo
que ojos cargados de tristeza
solo pueden ver con ella.

«Las representaciones mentales originadas por una
determinada sensación han sido entendidas
equivocadamente como causa de la misma».

Friedrich Nietzsche

# OSADÍAS

Considero al pensamiento crítico
una poderosa virtud,
la osadía de incendiar el filtro
que embellece la verdad.

Considero atrevido a quien lo adopta,
a quien se muestra dispuesto a desprenderse de las vendas
que obstruyen la visión
y la desvían hacia paisajes más serenos (manipulados).

Considero necesario el duelo
para un verdadero despertar.
Sin dolor
algo fue evitado.

La piel que nos envuelve
ya no es la nuestra
(la de los primeros años),
arrancárnosla debe hacernos daño.
Es el precio por descubrirse y reinventarse.

La sangre gotea
y ya rebosa el vaso.
Fueron años de dulces espejismos,
ilusiones inducidas por discursos bien preparados.

Descubrir aquello que se esconde
detrás del ruido de los pensamientos
es la gran tarea
del ser interesado en descubrir su verdad.

# INSOMNIO

No son horas para soltarle la soga a la duda,
para abrirle la jaula
al pensamiento analítico.

Son horas de sueño,
al menos aquello dicta la razón.

Me mareo pensando en cómo dormir
y hasta desconfío de mi cansancio.

La zona de grises se expande,
intentando conquistarlo todo,
y la luz del velador
se siente débil como la voluntad del cambio.

Son así los caprichos de la sangre
(heredera de adicciones alternas)
que se comparten el ansia
de un mañana inalcanzable
que se adapta y cambia
por cada victoria lograda.

La ambición es enfermedad,
la insatisfacción es síntoma,
el virus ataca
y los sueños se rinden a él.

# PROYECCIONES

La oscuridad,
creativa,
da vida,
inventa,
pinta caras en el aire,
abstractas,
subjetivas,
dejando a la libertad del espectador
gestos,
muecas,
intenciones.

Las sombras viven
gracias a ella
y gracias a nosotros.
Son reflejos,
proyecciones
de lo que no pudo ser palabra
y terminó por devenir
(exiliado)
en tapujos huérfanos,
bastardos,
que solo buscan ser reconocidos
como verdades desechadas
de un Yo cojo
que anhela caminar parejo,

fantaseando
con alguna vez
ser otro.

Se reparten imperfecciones
a todo aquel
que se muestre ante la mirada acrítica.

# SIN RUMBO

Escarban, escarban,
escarban, escarban.
Buscan encontrar no sé qué.

Escarban, escarban,
escarban, escarban.
Dudo que ellos sepan lo que es.

Escarban, escarban,
escarban, escarban.
Se lastiman las manos.

No habrá día en que se llegue al fondo,
no habrá día en que sea suficiente,
no habrá momento de real serenidad
si no aparece algo de su deseo entre la tierra.

# MANÍACO

Golpean la puerta,
siento ganas de llorar;
sin embargo, río.
Me siento abatido
y es precisamente allí
cuando mi cuerpo se entrega al baile.

Malentendidos del pensamiento;
no procesa tales sentimientos,
los niega y los convierte
en su contrario más lejano.

Respuestas maníacas
ciegas y sordas,
débiles como para abrazar el llanto.

La risa esconde la sangre
y la diluye en el ruido
de la fiesta y el furor,
gritos eufóricos,
vacíos,
despojados de razón,
pero suficientemente hábiles
como para evitar el duelo.

Costumbres maníacas
se presentan
como la incongruencia
entre la dolencia
y su expresión.

# ANHELO

Sé que te emociona la lluvia
(me pasa también),
sé que puedes ver en ella
lo que en vos te es arduo:

pinceladas de tristezas innombrables,
ausencias irreversibles,
la caída del cielo en la tierra,
la fugaz unión de lo imposible,
la incógnita del naufragio,
la mueca muda que anhela el habla,
la mejilla húmeda que siempre añora
la promesa eterna.

# EL CAUDAL DE NUESTRA SANGRE

Creo que en esta oportunidad
les agradeceré a las nubes.

Ya no me encandilo con el brillo,
mis ojos ahora descansan
de las trivialidades que ocupan
mi tiempo y claridad,
ahora se esfuerzan por hacer evidente
lo que antes se me escurría entre instantes.

La esencia del sentimiento
(el motor de la emoción)
sin su uniforme temporal,
sin capa ni careta,
con el torso desnudo,
como trampolín de pensamientos
que inducen a estados somnolientos.

¿Acaso se les permite ese lugar?

Me refiero a los pensamientos
que despiertan el estrés banal.

¿Se les otorga su fuerza para que estos luchen contra otros más
hirientes acaso?

¿Qué pensamientos nos acompañarían si estos no lo ocupasen
todo?

¿Qué podríamos ver si ellos se hicieran a un costado?

¿Con qué tendríamos que enfrentarnos si ellos se rindieran?

¿Quiénes seríamos si todo aquello ocurriera?

El cuento que nos leemos
puede sernos terrible,
pero quizás necesario
para no tener que escuchar
lo que suena tras él:
el canto de la verdad,
el latir del corazón,
el polvo escondido bajo la alfombra
que con los años se ha acumulado
y entre sus misterios esconde
pequeños fragmentos
que explican el caudal de nuestra sangre.

# EL JUEGO

Encuentro al juego en la vejez
aún más hermoso.
Con lo sencillo que es entregarse a la melancolía.

La importancia de nunca dejar de jugar
(quizá la mejor medicina a la vejez).

Hay canciones que siempre me hacen sonreír,
el arte se sabe disfrazar muy bien de medicina,
y viceversa.

Después de todo,
el estado de ánimo parece ser un destino;
con elegir con inteligencia
la canción que acompañará el paseo
o la película que dará paso al sueño
muchas veces parece bastar.

Los pensamientos son seres muy influenciables.

# ANSIEDAD

He entregado mi espalda al relajo,
mis hombros a la cautela,
la fuerza de mis piernas al retiro,
mi lengua al devenir del naufragio.

Mi cuerpo se dio por vencido ante el reloj,
pero mis pensamientos aún no duermen,
sino todo lo contrario:
algo del silencio los conmociona.

Viajan a tierras desconocidas
para acercarme lo incierto
con augurios poco certeros.
A estos los llamo ansiedad.

En el hoy
se vive el mañana,
se lo siente, se lo teme
aun sin conocerlo.

A los fantasmas se les da forma
(aunque ellos no la tengan)
y cuando se lo hace desde el miedo
terminan por atemorizar.

La oscuridad hoy me sienta bien,
puedo escucharme mejor en ella
y poco a poco (luna a luna)
vuelvo a pensar y a sentir el hoy
como un ser divorciado del mañana.

Hoy todo está bien,
ya no quiero espiar en el tiempo,
aquel del cual no soy parte
y quizás jamás lo seré.

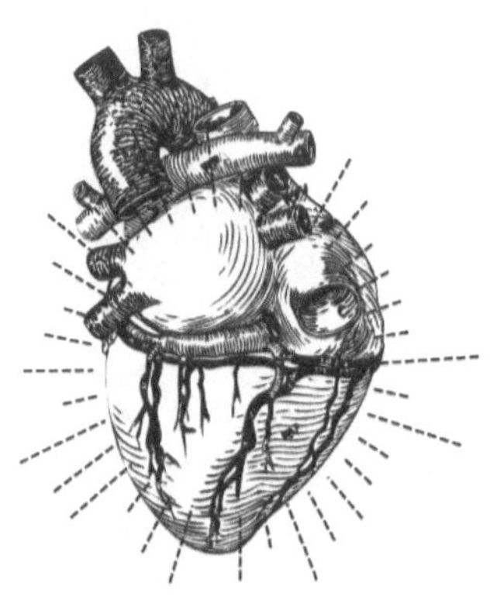

«Las convicciones son más peligrosos
enemigos de la verdad que las mentiras».

Friedrich Nietzsche

# SOLUCIONES

No creo que extenderme en palabras
sea siempre la solución
a pesar de que hoy
vuelva a apoyarme en ellas.

Acompañar en silencio
(aun en la ausencia física)
invoca caricias cálidas
y conclusiones guerrilleras
que arremeten contra el *statu quo*
de un pensar por demás domesticado.

Concentramos consternados
fuerzas psíquicas
en cadenas instauradas,
en estilos de vida asfixiantes
que someten nuestro espíritu.

Acompañado por la reflexión
se consiguen libertades
destruyendo muros que encarcelan
pensamientos y posibilidades.

Las cadenas más difíciles de quebrar
son aquellas que no nos admitimos,
las que (por nuestra falta de fe en ellas)
ignoramos su existencia.

La negación de la limitación impuesta
nos somete
y nos aplasta.

# PARANOIA

¿Quiénes son los que me observan?
Están en todos lados, puedo verlos.
¿Dónde es que sepultan sus miserias?
Sé que deben de estar ocultas por aquí.

¿Por qué me acechan?
¿Por qué no me dejan en paz?

Sospecho,
hay algo en mí que crece con los días,
sostengo,
vive en mi garganta,
alimentándose de mis palabras,
las que pienso y mueren devoradas
antes siquiera
de conocer su libertad.

¿Quiénes son todos ustedes?
No logro discernir qué es lo que desean
(si acaso desean algo).

¿Acaso este raciocinio me pertenece?
¿Puedo irme de este sitio?

No conozco la salida,
desconozco si la hay.

# INCONSCIENTES

Sin ser conscientes de ello,
nuestras palabras
se transforman en los huesos
que nos sostienen en pie.

Su descuido significa
la fuga de la integridad,
el debilitamiento de las formas,
la apropiación de otras que no nos representan.

Mientras permanecemos dormidos,
con nuestros cuerpos inmóviles,
el «Ello» cosecha miedos
y les enseña a caminar.

En el cementerio de las palabras
(donde la luz se extingue)
los sepultados remueven la tierra
y trepan hacia la superficie.

Como las flores que nacen de los cactus,
les sienta bien la noche
para dar a conocer sus cuerpos
y descubrir algo del sol.

Pero sus encantos duran poco
y no tienen más remedio
que desquitarse con las noches
y esperar el fallo, el chiste o el error.

# YA ES TIEMPO

Me encontré en la época
en la que las hojas se deciden
por arriesgarlo todo
y aprender a volar.

Quizá consideren que ya es tiempo
(su vejez no les impide vivir),
tal vez aún más de lo que lo hacían
en su verde juventud.

Solía considerar
que sus caídas se debían
a la aceptación de su muerte,
desprendidas de fuerza y voluntad.

Hoy las encuentro corriendo por el parque,
jugando entre ellas
con las correntadas de viento,
y pienso que, después de todo,
el tiempo no parece ser tan amenazante
como los significados que ponemos tras él.

# PERSPECTIVAS

Perspectivas varias,
personas varias,
momentos varios,
contextos varios.

Lo idéntico se ha extinguido.
Más allá de lo que hablemos
jamás habrá iguales de nuevo.
Aprendizajes del error.

Las posibilidades juegan al cambio,
corren de arriba abajo,
de punta a punta,
de esquina a esquina.

No puedo considerar una corriente única
capaz de arrastrar el bote hasta el bienestar.
Agradezco las advertencias,
pero muero por saltar.

Suelo asfixiarme en los túneles
(ofrecen solo una salida),
atentan contra la salud
de una mente famélica.

Déjame refrescarme la cara,
beber litros de agua,
que la sed por nuevas lecturas
me es abrumadora
e insaciablemente seductora.

# EL NIÑO

Hay una porción del cuadro
que busca compartir conmigo
secretos dulces.

Pensamientos ligeros
capaces de evaporar la carne
para lograr una congruencia completa
con el tiempo, que se expande
infinitamente hacia los lados.

Y aquí nos encontramos,
danzando sin mover el cuerpo,
brindándonos la cura
para la desesperanza.

Es posible que los momentos se repitan,
tal vez en vidas gemelas a esta.
Es preciso detenerse entonces
en regalos hechos de aire
que expulsan del lago calmo
excedentes del inconformismo.

Hoy
creo que el niño ha despertado
y disfruta de la sencillez,
de la belleza en estado puro,

de una visión plana e ingenua
que goza de la carencia de prejuicios
tanto como de la falta de dualidad
que se conforma con el adulto.

# Pensamientos automáticos

La moral,
el «Superyó»,
es peligrosa cuando no se la entiende,
cuando este se escinde
y ya no se sabe por lo que se lucha.

La pérdida del rumbo
de la propia identidad,
el paso inseguro,
termina por imitar el del resto
y la palabra ya defiende tesoros vacíos,
ajenos,
inexistentes.

El ego, entonces, ocupa su lugar;
la moral y él se enamoran,
se convierten en uno
y el objetivo ya no es la conquista,
sino el impedimento
de una conquista ajena.

«Le tengo miedo al cambio,
ya no sé si este es bueno o no,
solo sé que le temo,
y a todo aquel
que esté dispuesto a encontrarlo»,

se dicen por lo bajo.
Tan bajo
que sus palabras temerosas
hasta de sus oídos se esconden.

*«Hasta que el inconsciente no se haga consciente, el subconsciente dirigirá tu vida y tú le llamarás destino».*

Carl Gustav Jung

# ENCADENADO A MI DESTINO

Fueron años de construir este camino,
ladrillos de experiencia
pegados los unos a los otros
por concreto de emoción.

Mi familia me ayudó a hacerlo,
también lo hicieron en la escuela,
en las calles la cultura,
el experto en la televisión.

El camino tiene una estructura sólida,
es fuerte desde la certeza
y no hay grietas donde la duda
pueda filtrarse y construir sus nidos.

Desde aquí el cielo no se ve tan claro,
no descanso muy bien por las noches
y me vi obligado a descartar mi deseo en el paseo,
ya que jamás logró adecuarse
a las posibilidades de esta realidad.

Quizás en otra vida podremos reunirnos,
hoy ya es algo tarde.
Fueron muchos años caminando
y no puedo ir contra el destino.
Mi destino.

Crucé una puerta olvidada
y me encontré a mí mismo acostado,
cubierto por sábanas blancas,
los párpados sellados
y la radio encendida.

«¿Crees que alguna vez despertará?»,
preguntó una silueta a la otra.
«No lo creo —contestó—.
Se lo ve muy cómodo dormido,
pero hacerlo o no
será su voluntad».

# DIOSES

«Dios» es nuestra mente,
allí su origen;
luego proyectado
hacia cada rincón del universo.

Somos creadores, inventores, magos
escépticos con nosotros mismos,
despojados de nuestras habilidades
para adornar un ídolo «protector».

Nos volvemos dependientes.

Nuestras ideas no solo pueden pintar,
combinar colores en un lienzo,
construir herramientas y refugios,
crear caminos y artilugios.

Su mayor creación es el día de hoy,
la vida que transitamos.
Sus materiales son los pensamientos,
dioses capaces del cambio.

Capaces de sueños tangibles
o pesadillas interminables,
senderos ligeros de aire audaz
o cárceles densas con perfumes de eternidad.

El juicio propio y el ajeno,
las normas, la moral,
la «precaución», la responsabilidad.
Conceptos que nos atan a la jaula.

Podemos convencernos racionalmente
de que nos encontramos satisfechos,
de que es la vida que soñamos,
pero dentro se relame la osadía.

El deseo domesticado no olvida su naturaleza
y lucha contra las ataduras del paradigma,
busca recuperar el poder otorgado,
volverse responsable de la vida
que de una forma u otra
pasará.

Es el miedo el que se esconde
detrás de cada pensamiento,
el que te sujeta del brazo
y te devuelve a la manada.

Es el miedo el alimento
que nos dieron de comer
para robarnos el poder
y así crear con él
las creencias que nos someten.

Somos magos
y a la vez
somos nuestra propia audiencia,
atónitos/perplejos
ante cada truco realizado.

Recuperar el control,
reconquistar nuestra mente,
volvernos a considerar dioses,
capaces de milagros.

Crear o esperar
(despertar la creatividad o alimentar la pasividad),
responsables o víctimas,
posturas
de una vida que no espera.

# CALMA

Calma,
no te asustes, no te apures.
Ten calma,
el atardecer se acerca.
¿Puedes oírlo?

Tan solo calma,
encuentra tu equilibrio y espera.
La gracia y la belleza
(gemelas inseparables)
te sujetan de la mano.

Calma,
eres mucho más de lo que crees
y mientras el sol cae
la luz de la luna te favorece.

Tu silueta eclipsa estrellas
y roba su protagonismo.
¿Acaso no lo ves?

Envuelta en esta preciada calma,
tus raíces se hacen fuertes,
la cueva rendida se abre
y el mar te da la bienvenida.

Calma,
es hora de vivir.

# Reflexiones

Escribir este poemario me ayudó a despertar mi conciencia, a estar presente en el aquí y ahora, me ayudó a hacerme responsable de mi vida, haciendo conscientes aquellas cosas que ocultaba de mí mismo, aquellas cuestiones que me negaba y rechazaba, aquellas emociones que prefería enterrar. Comienzo a adueñarme del presente, soltando el pasado, soltando las certezas que traía conmigo, aquellas que hacían mis pensamientos algo rígidos y me llevaban a chocar/pelear con el día a día, con la realidad externa que no terminaba de encajar con ellos. Esto me daba siempre el mismo resultado: el estrés, la angustia y el miedo.

La flexibilidad del pensamiento es el camino a la salud, al exilio del estrés crónico al cual la cultura nos ha acostumbrado. Lo de afuera no puede lastimarnos si dentro de nosotros reina la paz, la congruencia entre nuestros sentimientos, nuestros pensamientos y nuestras acciones. Estas introspecciones son invitaciones a cuestionarnos a nosotros mismos para así lograr detectar las creencias/pensamientos/acciones que nos juegan en contra, que nos limitan, para así tomar el control sobre ellas y reemplazarlas con otras que nos impulsen. La solución no está fuera, sino dentro. Lo que hay que cambiar no es lo exterior, sino lo interior.

¿Cuántas veces nos encontramos recluidos en fantasías, observándonos a nosotros mismos logrando objetivos que en la realidad nos decimos que nos son imposibles? Aquel pensamiento de que es imposible es justamente lo que no le permite ser posible. Nuestros pensamientos negativos/limitantes, que no nos permiten ser aquello que podemos ser. Es hora de liberarnos, y la libertad solo se la puede dar uno, no es algo que te puedan conceder o que debas ganar. La cultura de toda la vida nos enseñó acerca del sacrificio, acerca de la búsqueda de la seguridad, acerca de que lo mejor es no arriesgarse y que todo aquel que piense distinto es un loco o un irresponsable. Estrategias para hacernos sentir culpa de nuestros anhelos más sinceros.

Al revisar nuestro pasado, al entenderlo y liberarlo de culpa, andaremos livianos, en paz, y paso a paso, con trabajo y con paciencia, nos iremos liberando de aquellas creencias negativas. Al cambiar el contenido mental, cambiará con él el entorno, ya que lo que sucede fuera significa lo que nosotros elijamos que signifique. Jamás es tarde para interpretar de una manera alternativa, una que vaya de la mano con nuestro deseo, con nuestro bienestar.

Es hora de despertar, nuestra vida nos pertenece.

# Sobre el autor

Ignacio Tapia Torres (Buenos Aires, 1991) se crio en la ciudad de Pilar, para vivir luego en países como Nueva Zelanda, Australia, Italia y, más tarde, en España. Estudió Psicología en la Universidad del Salvador, donde se convirtió en ayudante terapéutico y consultor psicológico.

Actualmente, cursa una diplomatura en Biodescodificación. Es autor de la obra *Callejones del sueño* y cofundador de "Escriba & Calle", una página de fotografía y poesía.